BÚSSOLA PARA INOVAÇÃO E SUCESSO

THALES ANTUNES BANDEIRA DE MELO

BÚSSOLA PARA INOVAÇÃO E SUCESSO

DICAS PRÁTICAS

Título Original:

BÚSSOLA PARA INOVAÇÃO E SUCESSO

Primeira Publicação em Machadinho D' Oeste, Rondônia, Brasil.

2023

Arte da Capa – Thales A. B. Melo

M528b Melo, Thales Antunes Bandeira – 1998

Bússola para inovação e sucesso / Thales Antunes Bandeira de Melo – 1 ed. –

Machadinho D' Oeste/RO : Ed. do Autor, 2023.

ISBN: 978-65-00-98055-4

1. Autoajuda. 2. Mercado de Trabalho. 3. Inovação

I. Título II. Melo, Thales Antunes Bandeira

CDD - 000

AGRADECIMENTOS

Aproveito esta obra, para deixar um agradecimento em especial ao meu irmão Sociólogo/Antropólogo Amon-Rá, que foi meu grande incentivador na leitura principalmente quando eu estava no 1º ano do ensino médio e ele estava cursando Ciências Sociais, e diariamente trocávamos ideias sobre diferentes assuntos das áreas das humanas/política e sobre livros que estávamos lendo. Um dos motivos também de eu seguir essa linha e optar pelo curso de Direito, que é considerado uma ciência social aplicada.

Agradeço também ao meu irmão Gabriel, parceiro de vida e de trabalho e meu pais Halmerio e Maristela pela oportunidade de estudo, cultura e incentivo na minha profissão como advogado.

APRESENTAÇÃO

A ideia desse livro, surgiu ao recordar de várias ideias inovadoras que tive e foram sugeridas em rodas de conversas com pessoas de diferentes cursos (humanas, exatas, biológicas). Nessas trocas de ideias conversávamos sobre pretensões de trabalho após finalizar a faculdade, nossas expectativas com o mercado de trabalho e algumas vontades pessoais.

Quando essas pessoas falavam sobre suas expectativas ou sobre não saber o que fazer após formar, surgiam muitas ideias de atuação no mercado de trabalho e eu as colocava na conversa. Em muitos eu via um certo medo ou descontentamento com o mercado de trabalho, pois alguns de seus "veteranos" formados, estariam desempregados, em outros eu via um certo contentamento em relação à profissão, "ah, ganhando 2.000 tá ótimo", ou mesmo aquela insegurança em arriscar, abrir o próprio negócio e/ou mudar de cidade em busca de melhores condições, por querer ficar na cidade em que cresceu, possui família, e mora há bastante tempo. Até mesmo em alguns que pretendem concurso após formar, já ouvi dizer que "ah, vou tentar os que são mais fáceis porque nos outros não irei passar". Ora, se não temos confiança em nosso potencial ou se não tentamos por colocar as dificuldades em primeiro lugar, infelizmente será difícil alcançar uma vida profissional de sucesso.

É notório que o mercado de trabalho está cada vez mais saturado, muitas faculdades surgindo, milhares de pessoas formando em diversos cursos todos os anos, e consequentemente a concorrência aumentando. Assim, faz-se necessário a qualificação constante para ter um destaque em sua profissão, mas para além disso é necessário o espírito empreendedor e de inovação, matérias que não fazem parte da grade curricular da maioria dos cursos técnicos e superiores.

Os profissionais de modo geral, seguem uma linha de atuação, repetindo o que a maioria faz, como abrir um consultório/escritório e esperar a clientela chegar, sem investir em marketing e prospecção de clientes. Algumas pessoas se sentem receosas em investir na busca por clientes e em marketing profissional seja por vergonha ou medo de incorrer em infração ética da profissão, por isso deve-se ter conhecimento do código de ética da respectiva profissão e assim investir em marketing/prospecção que respeite esses padrões.

Outro ponto que poucos colocam em prática, é aderir às novas tecnologias que além de possibilitar um maior reconhecimento profissional por meio das redes sociais/site, facilita o trabalho e possibilita um aumento de clientela, como os softwares/ferramentas facilitadoras existentes.

Por fim, para o crescimento profissional também é necessário analisar os ramos de sua área de trabalho que são pouco exploradas, e que pode possuir grandes oportunidades de atuação, podendo até virar "tendência".

Este livro é para aqueles que querem "correr o risco" de ter sucesso profissional, a depender da busca pessoal, seja formado em algum curso/faculdade de qualquer área (humanas, exatas, biológicas) ou não. Esta obra tenta mostrar uma visão ampla do mercado de trabalho estimulando a inovação tanto para quem pretende empreender no ramo comercial, quanto para quem busca uma atuação profissional que obtenha mais sucesso.

Assim, há aqueles que se contentam com "pouco" e conseguem viver bem e de maneira simples, mas aqui busco estimular as pessoas a arriscarem em busca de mais, a almejar as melhores carreiras, empreender para se tornar um grande no negócio ou um profissional reconhecido em sua região ou até mesmo no país.

Não desmereço quem busca concurso público, pois possui segurança, estabilidade e uma série de benefícios, nem mesmo aqueles que buscam trabalhar a um salário fixo, mas sim estimular aqueles que tem receio em arriscar e possui enorme potencial para obter maiores retornos sendo dono do seu próprio negócio. Não quero dizer que se deve escolher um ou outro, pois na maioria das profissões se pode conciliar sendo concursado/empregado com algum empreendimento e assim ir testando inovações e posteriormente decidir se continua com os dois empregos ou não caso o negócio cresça inesperadamente.

Já parou pra pensar na sua vida profissional? O planejamento é essencial para o sucesso, independente se pretende aplicar no presente ou no futuro. O que você está fazendo nesse exato momento para que alcance o sucesso profissional? O futuro depende dos seus feitos no presente, então defina a área que quer atuar, planeje o melhor método de estudo, tente olhar para além do que é posto, teste ideias e não tenha medo de arriscar. O risco é inevitável, viver seguro te "segura" no "status quo" (preso na estaca zero).

A inovação se faz necessária para aqueles que querem ter seu espaço no mercado de trabalho e até mesmo se destacar enxergando uma atuação no âmbito da cidade/estado em que vive.

Inovar é olhar ao redor e ver o que está faltando, é perceber uma necessidade das pessoas e ali atuar, ou mesmo buscar solucionar problemas ou facilitar o dia a dia dos cidadãos.

Ser metódico é uma característica essencial destes passos que irei ilustrar para exercitar a mente e encontrar possíveis ideias inovadoras à sua profissão. Além disso, irei expor algumas tendências e sugestões que podem ser implementadas, se der certo não esqueça de mim ok [risos]. Lembrando que o conhecimento apresentado não é um conhecimento técnico nem científico, mas são ideias de maneira geral que podem dar certo baseadas na observação e experiência.

INTRODUÇÃO

Iniciei este livro no dia 13/04/2020, momento pelo qual passamos em quarentena devido a pandemia causada pelo vírus Covid-19 e onde o tempo estava propício para o desenvolvimento de projetos. Essa situação foi extremamente incomum e ninguém esperava que aconteceria de uma forma a atingir todo o globo terrestre. No âmbito do Poder Público muitas decisões extraordinárias foram tomadas, pessoas precisando se reinventar, muitos infelizmente passaram por situações de grandes dificuldades, locais que antes nunca haviam fechado, tendo que fechar, metrópoles paradas, entre tantas situações antes não vivenciadas.

Adentrando ao contexto da presente obra, minha diversão quando criança era observar diversos objetos que iriam para o lixo ou que no momento estavam sem utilização, para tentar inventar algum equipamento. Não me lembro de nenhuma criação espetacular apesar de ter sido um bom exercício para a mente. Acredito que fui influenciado por desenhos, filmes e reportagens de grandes inventores e suas mirabolantes invenções. Até hoje tenho imensa satisfação em ver pessoas reutilizando materiais para criações que facilitam o dia-a-dia, com custo baixíssimo, apesar de ficar descontente com a inércia do Poder Público, em incentivar esses grandes talentos.

Por outro lado, vejo que tem surgido muitas propagandas enganosas nas redes sociais, nas quais pessoas bem vestidas e em mansões ou carros luxuosos prometem sucesso instantâneo, retornos altíssimos em pouco tempo, e vendendo esse "método mágico". Infelizmente muitos pagam o preço para tal curso/método por estar em uma situação difícil, até parcelando em várias vezes e quando percebe caiu em um "golpe". Uma coisa tem que ficar clara, não existe maneira honesta que seja fácil de ganhar muito dinheiro em pouco tempo e sem ter um capital para investir.

É imprescindível grande dedicação ao estudo, independente se pretende empreender, fazer um curso/faculdade para posteriormente atuar nessa área ou prestar concursos públicos. Não existe caminho mais fácil, qualquer opção que escolher vai demandar um tempo de estudo, planejamentos, analisar os pós e contras, etc.

Além disso, nos últimos anos os livros mais vendidos tem sido os de autoajuda, acredito que pelas dificuldades que tem surgido nas relações pessoais e no mercado de trabalho. Sabemos que com a intensificação no uso das tecnologias ao mesmo tempo que "encurtou" a distância entre pessoas ocorreu o distanciamento entre elas, trazendo problemas nas relações sociais e afetivas. Também, com o surgimento elevado de instituições de ensino por todo o país, o mercado de trabalho tem ficado mais competitivo, sendo imprescindível a constante qualificação. Essa escassez e exigências de qualificação no mercado de trabalho está cada vez mais comum, o que se faz necessário a definição de metas. Há pessoas que conseguem desenvolver várias metas ao mesmo tempo apesar de ser mais difícil e o resultado normalmente ser mais tardio, por isso escolha um objetivo profissional, pesquise os passos para alcançar esse objetivo, trace metas diárias, semanais, mensais, faça uma planilha definindo-as e mãos à obra.

As ideias que exponho neste livro surgiram através do convívio rotineiro com pessoas de diferentes áreas de formação na época da faculdade, mas a maioria com a mesma preocupação do que fazer após formar e com uma visão nada empreendedora. Assim, decidi transcrever ideias que possam ajudar nessas dificuldades e iniciei o processo de construção desse livro.

No começo me pareceu um grande desafio, pela quantidade de páginas que normalmente possui um livro, mas quando comecei a digitar no primeiro dia desenvolvendo em torno de 7 páginas, vi que poderia ser muito útil para as pessoas e como gosto de desafios decidi seguir com esse projeto. Uma hora a gente "trava" sem ter mais ideias para continuar, mas aos poucos elas surgem e quando menos se espera, sendo necessário anotá-las por exemplo no bloco de notas do celular como fiz, para posteriormente transcrever em um documento Word no PC ou Notebook. Percebi que o importante é soltar as ideias aleatoriamente e só após organizar em tópicos e subtópicos.

Sumário

CAPÍTULO 1

Invenção versus Inovação

Invenção remete a algo que não existe, uma criação para a possível solução de um problema, um produto ou processo novo.

Inovação remete a um aperfeiçoamento, a uma utilização de um produto ou processo já existente, mas de uma forma diferente. Utiliza-se de ideias inovadoras para aplicação em produtos e serviços.

Invenção versus Modelo de Utilidade (patentes)

Conforme a Organização Mundial de Propriedade Intelectual (OMPI) em conjunto com o Instituto Nacional de Propriedade Intelectual, por meio do Curso Geral de Propriedade Intelectual, em seu módulo 7 (patentes):

> *Uma patente é um documento que descreve uma invenção e cria uma situação legal na qual a invenção pode ser explorada somente com a autorização do titular da patente. Em outras palavras, uma patente protege uma invenção e garante ao titular os direitos exclusivos*

para usar sua invenção por um período limitado de tempo em um determinado país. Ela é concedida, mediante solicitação, por um órgão governamental (geralmente um Escritório de Patentes) e qualquer pessoa física ou jurídica pode depositar um pedido de patente, desde que tenha legitimidade para obtê-la, sendo chamado de depositante ou requerente.

Uma invenção pode ser definida como uma nova solução para um problema técnico específico, dentro de um determinado campo tecnológico.

Exemplos de invenções: curativo 'band-aid', ferro elétrico, alfinete de segurança, caneta esferográfica, telefone etc.

Um modelo de utilidade pode ser definido como uma nova forma ou disposição em um objeto de uso prático ou parte deste, visando melhoria funcional no seu uso ou em sua fabricação.

Exemplos de modelos de utilidade: tesoura para canhoto, organizador modular de gavetas, porta sabão em pó com dosador, tesouras de poda de galhos e ramos: tesoura de poda semiprofissional, tesoura de poda com cabo giratório, tesoura de poda própria para podar galhos e ramos de árvores mais inacessíveis.

A finalidade da patente é conceder uma forma de proteção aos progressos tecnológicos e às melhorias funcionais no uso ou na fabricação de uma nova forma inventada. Na teoria, a proteção da patente recompensa não somente a criação de algo novo, mas também o desenvolvimento ou aprimoramento desta, para torná-la realizável do ponto de vista tecnológico e comercial. Esse tipo de incentivo é suscetível de promover a criatividade e encorajar as empresas a continuar o desenvolvimento de novas tecnologias, para torná-las comercializáveis, úteis e favoráveis ao interesse público.

<u>*Uma empresa e/ou um inventor devem patentear suas invenções, pois a patente:*</u>

1. confere direitos exclusivos que normalmente permitem que o titular do direito a utilize e explore; 2. permite o estabelecimento de uma forte posição no mercado, uma vez que concede ao titular direitos de impedir que outras pessoas utilizem comercialmente a sua invenção patenteada, reduzindo a concorrência e marcando posição no mercado;

3. permite maior rentabilidade do capital investido, pois, sob a proteção destes direitos exclusivos, o titular do direito pode comercializar, licenciar ou ceder a patente de modo a obter um retorno mais elevado sobre o investimento realizado;

4. recompensa o inventor, estimulando o desenvolvimento de novas invenções, sem que tenha os frutos de sua pesquisa usurpados por terceiros;

5. garante uma imagem positiva para a sua empresa, pois as patentes são consideradas por investidores, acionistas e parceiros comerciais uma demonstração do alto nível de conhecimentos técnicos, especialização e capacidade tecnológica da empresa. Desta forma, a empresa pode obter recursos financeiros, encontrar parceiros comerciais e aumentar seu valor de mercado;

6. permite à sociedade o conhecimento de tecnologias que de outra forma estariam protegidas por segredo industrial, tornando-se, deste modo, uma importante fonte de difusão do conhecimento;

7. estimula os concorrentes a buscarem inovações alternativas para um mesmo problema;

8. facilita o monitoramento tecnológico e as atividades de pesquisa dos concorrentes, permitindo mapear os setores estratégicos de inovação;

9. disponibiliza informação técnica bem antes de o produto estar no mercado;

10. evita a duplicidade de pesquisa e desenvolvimento.

Que tipos de objetos podem ser patenteados?

De acordo com a convenção internacional, pode-se obter patentes para quaisquer invenções, sejam de processos ou de produtos, de qualquer área da tecnologia. Um composto químico pode ser patenteado. Uma máquina, é claro, pode ser patenteada. Os processos de fabricação de objetos podem ser patenteados. Objetos com melhoria funcional no seu uso ou fabricação podem ser patenteados como modelo de utilidade no Brasil. Entretanto, de acordo com a legislação de cada país, existem objetos que não podem ser patenteados, e são excluídos do escopo de patenteabilidade. O genoma humano, por exemplo, não pode ser patenteado. Os materiais já existentes na natureza, com muitas poucas exceções, não podem ser patenteados. Uma máquina de moto-contínuo, que desafiaria todas as leis da natureza, não pode ser patenteada, a menos que seja provado que funciona. Então, certamente, nesse caso, teriam de ser descartados os antigos preceitos, pois algo de novo teria sido criado. Algumas invenções podem ser excluídas do escopo de patenteabilidade por razões morais ou de segurança nacional.

As patentes de invenção são concebidas para proteger não só os progressos da tecnologia, mas também para proteger os aperfeiçoamentos técnicos de menor vulto, de maneira que os desenvolvimentos patenteáveis introduzidos numa determinada área da tecnologia possam ser verdadeiros desenvolvimentos, como a invenção da penicilina, ou aperfeiçoamentos de pequeno custo, como uma nova alavanca que permita a uma máquina funcionar mais rápido. Esses tipos de objetos podem ser patenteados.

As patentes de modelo de utilidade são concebidas para proteger as melhorias funcionais no uso ou na fabricação de objetos de uso prático, ou parte destes, tais como: instrumentos, utensílios e ferramentas. Sistemas, processos, procedimentos ou métodos para obtenção de algum produto não estão inclusos nesse tipo de proteção.

As patentes de invenção visam à proteção das criações de caráter técnico, para solucionar problemas em uma área tecnológica específica. As patentes de modelo de utilidade visam à proteção das criações de caráter técnico-funcional relacionadas à forma ou à disposição introduzida em objeto de uso prático, ou parte deste, conferindo ao objeto melhoria funcional no seu uso ou fabricação.

Você verificou alguns exemplos de invenções/MU que podem ser protegidos por uma patente, assim como algumas exceções mais comuns. Para ser patenteável, uma invenção/MU deve ainda atender a certos critérios relativos à novidade e outras características.

O Acordo sobre os Direitos de Propriedade Intelectual Relacionados ao Comércio (Acordo TRIPS ou ADPIC) prevê três requisitos e condições para uma invenção ser patenteável. Na Lei brasileira (LPI), os Artigos 8º a 15, estabelecem os requisitos de patenteabilidade, tanto para invenções quanto para modelos de utilidade (veja capítulo II, seção I da LPI).

Esse conhecimento sobre patentes vejo como algo obrigatório para quem pensa e convive cotidianamente com a inovação/invenção, pois podem surgir ideias patenteáveis e com isso obter grandes oportunidades. Além disso, esse conhecimento pode evitar inúmeros conflitos em diferentes profissões e creio que poderá ser um pré-requisito (se já não é) para ocupação de vários cargos e empregos.

CAPÍTULO 2

Investir em conhecimento

Atualmente podemos encontrar praticamente tudo o que quisermos aprender na internet, basta escolher, pesquisar e dedicar tempo para o estudo. Desde coisas simples de como produzir um alimento, vender água, materiais para vestibulares e concursos, até coisas mais complexas de como abrir uma empresa, patentear um produto, como se portar em uma entrevista de emprego, etc.

O conhecimento é a principal ferramenta e abre um enorme leque de oportunidades, além de possibilitar a compreensão de si e do mundo ao seu redor. A busca pelo conhecimento deve-se tornar um hábito e a reflexão sobre a cada leitura adquirir mais conhecimento e vocabulário, faz com que essa busca se torne mais prazerosa. É importante também, variar entre diferentes tipos de livros, assuntos e áreas, assim o conhecimento não fica tão "afunilado".

Esse investimento em conhecimento deve ultrapassar o que nos é ensinado, recomendado e estudado pela maioria dos profissionais, pois assim, além de obter destaque, obterá uma alta performance naquilo que for realizar.

Esse diferencial é notado e, muitas vezes pode decidir a contração por empresas, clientes, etc. Por exemplo, imagine que uma pessoa/empresa busca contratar um profissional e faz o levantamento de 20 pessoas dessa área, dessas 20 apenas uma possui um conhecimento "a mais", seja um idioma, uma especialidade que poucos dessa profissão possui, conhecimento de programação, enfim, esse diferencial vai fazer você ser contratado. Assim, independente qual área busca atuar, tente obter conhecimento que agregue no seu campo de atuação, inclusive aqueles de outras áreas do conhecimento.

Além da busca pelo conhecimento, deve-se prezar pela troca de experiências que vale na maioria das vezes muito mais que a leitura de um livro. Uma simples vivência pode se transformar em uma analogia que servirá em diversas situações do cotidiano, por isso, a absorção dessas experiências e conhecimentos para aplicações diversas é muito mais importante do que a vivência em si, ou seja, absorver o que deu certo e transformar numa lei geral de aplicação em nossas vidas.

Um exemplo disso que assisti em uma palestra no Youtube intitulada “A MENTE: Conhecê-la e Dominá-la Reflexões Filosóficas/ Prof. Lúcia Helena Galvão de Nova Acrópole” é a vivência dessa professora que em uma construção foi tentar aprender rebocar a parede com um pedreiro que estava trabalhando. Ela disse ser quase impossível conseguir tal feito, pois tentava colocar a massa na parede e não grudava, observava o pedreiro na quantidade de massa que pegava, a distância que ficava da parede e a força que ele colocava, fazia igual e não conseguia grudar a massa na parede. Até que depois de tentar muitas vezes, conseguiu chegar na distância correta, força correta, quantidade de massa correta e aí deu certo e grudou a massa na parede. Ela chegou à conclusão de que o pedreiro é bem melhor que ela para rebocar a parede, mas aquela experiência de vida ele não sabe pra quanta coisa ela usou.

O pedreiro usa esse conhecimento técnico para uma aplicação que é rebocar a parede, já o filósofo abstrai dessa experiência uma lei em geral. Ainda nessa palestra a professora Lúcia contou uma utilização dessa experiencia, quando um dia foi chamada por uma amiga que estava com um problema emocional grave e precisava desabafar. Mas, se a professora Lúcia falasse muito sua amiga iria ficar tão emocionada que não iria ouvir mais, nisso, Lúcia tinha que cortar no ponto certo. Ela tinha que falar algo que tivesse intensidade em convencê-la, mas não poderia ser muito forte se não a amiga iria ficar chocada e iria começar fazer drama; não poderia dizer tudo o que era verdade, mas sim uma quantidade suficiente que fizesse ela enxergar, ai Lúcia pensou, "intensidade certa, distância certa, momento certo, puf, grudou", nesse momento lembrou da massa no reboco. Essa é só uma aplicação de várias que poderiam surgir referente a experiência vivenciada ao rebocar a parede.

Nesse sentido, temos que ter mais do que somente o conhecimento técnico, temos que desenvolver a inteligência, a capacidade de relação e aplicação desse conhecimento em diversas situações. Ter um conhecimento que forma e não somente informa, utilizar o conhecimento como um princípio que servirá para diversas situações cotidianas.

Coletar teorias, inspirações e dados de outras pessoas de nada adianta se não refletir em cima dela e torná-la sua, com aplicação pratica em sua vida. Não somente uma memorização do que os filósofos ou cientistas disseram, mas sim uma reconstrução dessas ideias em torno de nossas vidas, utilizando a reflexão como método de conhecimento, visto que com métodos diminuímos o tempo para alcançar os nossos objetivos.

Um método que é bem falado é a Programação Neurolinguística (PNL) que possui várias técnicas e visam entender o processo da mente, provocar mudanças e alcançar resultados positivos na vida pessoal, profissional e familiar. Atua para mudar padrões prejudiciais de nossa mente e aprimorar os benéficos. Dentre os benefícios da PNL, estão a ampliação do autoconhecimento; melhora na definição de metas e objetivos; desenvolvimento de inteligência emocional; ação e aprendizado com maior eficácia; mudança de padrões de pensamento e ação; superação de medos e traumas; melhor comunicação, etc.

Não é porque "fulano demorou 5 anos para conseguir" que você também precisa desse tempo. Por isso a importância de investir em conhecimento, buscar essas técnicas, adequar a sua melhor maneira de aprender e passo a passo chegar mais perto de seus objetivos.

Network

O conhecimento por si só não faz milagres, nem sempre os mais bem-sucedidos são os mais inteligentes, o conhecimento não tem tudo a ver com a conquista de clientela, com o marketing profissional e nem mesmo com a rede de contatos que podemos possuir (network).

Em praticamente todas as áreas de atuação é necessário possuir um "contato", pessoas que podem sanar dúvidas, ou fazer recomendações, tanto alguém mais antigo na profissão em que atua ou quer atuar, como também quando necessita de um conhecimento de uma outra área de atuação que de alguma forma influencia na sua, para a concretização de um trabalho.

Assim, em qualquer profissão é importante ter um "mentor", aquele profissional de sua área que quando surgir uma dúvida você vai ligar ou mandar mensagens perguntando. Esse mentor pode ser um professor que teve ao longo da graduação, um amigo mais antigo na profissão ou mesmo algum parente.

A network, gira em torno da comunicação, uma pessoa que sabe se comunicar, que possui várias amizades e "se dá bem com todo mundo", terá mais facilidade para conseguir bons empregos, conquistar clientela e resolver problemas de maneira mais eficiente. O importante é não fechar seu círculo de amizade, principalmente restringir às pessoas que convive rotineiramente em seu curso ou trabalho, mas estar aberto a conhecer outras pessoas, tendo uma boa relação com essas.

Eu particularmente, conheci pessoas de várias profissões e áreas de atuação e já precisei delas para resolução de casos na advocacia, como por exemplo em elaboração de quesitos para uma perícia médica que uma cliente iria se submeter. De outro modo, várias dessas pessoas que conheci ao longo do tempo quando precisa de advogado recorre a mim seja pela amizade ou por não ter outra referência de profissional dessa área e por isso tive oportunidade de atuar em casos em vários estados do país.

Além de estar aberto a conhecer outras pessoas, participando de eventos, praticando esportes/artes marciais, fazendo "sociais", viagens etc, as redes sociais também são uma ótima ferramenta para fazer a network. Dentre elas existe o Linkedln, que tem como foco os relacionamentos profissionais, podendo conversar em grupos de interesses similares ao seu, além de possibilitar pessoas e empresas a anunciar vagas, procurar empregos, fazer parcerias, etc. Mas nada substitui o contato real, ou seja, sair de casa aberto à novas amizades.

Hobby

Uma outra atividade importante a se colocar em prática são os Hobbies, que para além do lucro é o que traz satisfação pessoal e pode motivar a conquista de objetivos maiores. Fazer o que gosta independente do retorno, como forma de contribuir com a sociedade ou com uma categoria em específico, pode se tornar também um trabalho a depender do envolvimento e alcance dessa atividade. Como exemplo, podemos citar os blogs/fanpages destinadas a preparação e divulgação de informações sobre ENEM, Vestibulares, Concursos, ou também, sobre política e acessibilidade, nesse caso cito a página que criei no Facebook e Instagram denominada "Democracia em Ação" onde buscava disponibilizar informações para uma maior participação dos cidadãos nas decisões governamentais, seja através dos meios de controlar e fiscalizar essas ações, para propor projetos e ideias que possam se tornar lei, ou, conhecimentos válidos para o fortalecimento da democracia. Porém, em razão da minha formação acabei a transformando na rede social do escritório de advocacia que sou sócio (@bandeira.jus), onde também busco disponibilizar informações relevantes sobre os direitos e mostrar um pouco do nosso trabalho.

Confiança

Como dito anteriormente, devemos ter confiança em nós, confiança ao arriscar, tentar colocar em prática ideias inovadoras ou que nos demandam um alto grau de dificuldades, mas o foco deve estar sempre nos benefícios, assim terá maior incentivo quando se estiver estudando.

A confiança não anda sozinha, para isso deve-se estudar e se dedicar de uma maneira eficaz e comprometida, acreditando que alcançará seu objetivo e que os benefícios virão em breve, pois pensar nos problemas só te faz ficar menos motivado e contaminado por energias pessimistas.

O tempo vai passar independente do que fizer, então não adie seus planos e sonhos pensando, "ah, leva muito tempo não vou fazer agora", "vou deixar pra depois". O futuro é resultado do presente, precisamos entender isso, e por mais que o tempo disponível para essa busca seja mínimo, torná-la parte da rotina te colocará mais perto de alcançá-la. Além disso, a organização é essencial para aproveitar da melhor maneira seu tempo, então escreva em uma agenda o que você quer fazer em determinado dia ou semana, e risque ao concluir suas tarefas, isso trará uma maior motivação e sentimento de dever cumprido ao finalizá-las.

Além da forma tradicional de anotação no papel (que eu prefiro), para quem preferir, existe alguns aplicativos de produtividade que ajudam no cumprimento de metas diárias como o Coach.me, Todoist, Trello e Wunderlist, ou mesmo pode-se utilizar uma planilha no excel.

Existe também um Aplicativo chamado TED, disponível para Android, IOS e Windows Phone, o qual reúne milhares de palestras que além de informar, podem servir de inspiração e motivação, vale a pena conferir. Outro app que pode auxiliar na motivação é o WinStreak, onde você escreve no final do dia quais foram suas vitórias e os planos para amanhã, possibilitando enxergar a rotina com positividade.

Nós seres humanos, somos capazes de conquistar a maioria das coisas que imaginamos ser impossíveis. Essa imaginação pessimista é o que faz não alcançarmos nossos sonhos, por isso, acredite em você primeiramente, pense que "como um outro ser humano consegue, porque não posso conseguir?", somos compostos pela mesma estrutura, podemos ter a mesma capacidade, é claro que alguns nascem superdotados, principalmente por causa da educação que estimulou a criatividade e a absorção de conhecimento desde pequeno, e as influências dentro do lar. Mas isso não significa que estamos "atrasados" ou que não podemos alcançar as mesmas conquistas, como dito, há aqueles superdotados e há aqueles esforçados e por fim aqueles que não acreditam e por isso não alcançam, qual você é ou quer ser?

CAPÍTULO 3

Inovação na prática

A seguir apresentaremos em 3 passos com alguns exemplos e ideias, um método para aqueles que pretendem inovar, apesar das divisões por área de conhecimento mais abaixo, é importante ler o todo, pois algumas sugestões de uma área pode servir para outra e vice-versa.

1º PASSO: DELIMITAR SUA ÁREA DE ATUAÇÃO

1.1. Para quem possui alguma formação

Cada curso tem suas opções para atuação no mercado de trabalho, alguns com mais outros com menos. Essas seriam as opções tradicionais que nos é apresentado, porém, poderemos inovar e criar uma "nova opção" para a nossa atuação profissional.

O primeiro a fazer é rever as opções com mais atenção, as vezes numa simples pesquisa descobrimos algum tipo de atuação já existente, mas que não tínhamos conhecimento.

Além disso, é importante buscar algo que tenha mais afinidade e consequentemente estará um passo à frente para ser bem sucedido e realizado (a) como profissional.

1.2. Para quem pretende empreender

Escolha o ramo que seu negócio seguirá, pois tendo um determinado público alvo fica mais fácil determinar os métodos de marketing além de ser mais eficiente na venda de seus produtos ou serviços. Um empreendimento muito amplo em questões de produtos, serviços e público-alvo tem maiores riscos de não prosperar, pois fica mais difício para elaborar estratégias visando o aumento de clientela e até mesmo para organizar seu negócio, portanto é necessário definir a imagem que o empreendimento terá frente aos consumidores.

Além do mais, se for um empreendimento físico, deve-se analisar com pesquisas, o comportamento populacional, qual melhor ponto para o empreendimento, os pós e contras que possui, pesquisas através das redes sociais para saber os gostos da população, a aplicação do MVP (produto mínimo viável) que seria uma versão de testes para receber opiniões de clientes e aprimorar, dentre outros métodos de análise comportamental que pode ser realizado, como a maioria das multinacionais realizam antes de se instalar em uma cidade.

2º PASSO: OBSERVAR AS NOVAS TENDÊNCIAS

O segundo a fazer é observar o que tem crescido na sua área de atuação e novas tendências do mercado de trabalho. Isto inclui se perguntar como tem sido a utilização das novas tecnologias, das redes sociais e seguir pessoas que já são bem sucedidas na área.

É notório que ultimamente as redes sociais tem sido muito utilizadas para divulgação profissional, principalmente no Instagram em que é possível ver perfis dos mais variados empreendimentos e profissionais liberais respondendo dúvidas e divulgando resultados de seus trabalhos. Com toda certeza é uma ótima ferramenta e esta seria uma indicação para qualquer profissional liberal ou empreendedor que queira alcançar mais clientes, sempre em respeito à ética profissional, pois o ser ético é recompensado por sua honestidade e aquele que infringe o regramento moral uma hora também arca com as consequências.

Além do uso das redes sociais, observar quais novas tecnologias têm surgido, como softwares e equipamentos, é importante para pôr em prática com maior agilidade seu trabalho e para atender seus clientes com maior qualidade e eficiência, obtendo disponibilidade para prospectar e atender outros que venham lhe procurar.

Além de ferramentas que facilitam o trabalho, quando se está cheio de atividades e não tem mais tempo para novos clientes é necessário descentralizar suas atividades, muitas vezes que não são específicas de sua formação profissional, contratando pessoas para isto e assim tendo disponibilidade para novos clientes.

3º PASSO: INOVAR

Se mesmo com a aplicação dos dois passos anteriores, ainda encontra dificuldades em encontrar uma boa atuação profissional, ou, mesmo tendo encontrado não foi possível ter sucesso por algumas adversidades então é preciso inovar.

A inovação surge de ideias, e para ter ideias é preciso compreender a cidade em que quer atuar e seus cidadãos, para assim descobrir necessidades e funções que resolva, facilite ou aprimore a vida destes. Outra forma de inovar é observar cidades e regiões mais desenvolvidas e a partir daí implementar empreendimentos, métodos ou equipamentos em cidades e regiões que ainda não possuem ou que possui, mas em quantidade ínfima.

A inovação também vem de experiências e do modo como direciona seus pensamentos. Quando faz algo diferente por exemplo, e através disso visualiza uma possível ideia inovadora. Podemos citar alguns exemplos como o sorvete de rolo, pizza em cone, barca de sushi/açaí ou petiscos, lanches gigantes, etc, que em alguns casos virou moda e trouxe ótimos retornos para quem inovou e, essas criações provavelmente são resultados de experiências e direcionamento dos pensamentos para criação.

Um outro método que ajuda a inovar é observar as inovações que estão fazendo "sucesso", como é o caso do UBER, IFOOD, NUBANK, etc. Posteriormente, tentar visualizar pontos em comum e a partir disso aplicar em outro tipo de mercadoria. O que eu observei é que as pessoas tem aderido a esses aplicativos pela facilidade e o leque de opções, tudo nas palmas da mão.

Deve existir algo nesse sentido, mas um aplicativo em que você faz compras no supermercado pelo smartphone, podendo ver os preços, marcas, promoções e posteriormente entregarem em sua casa é uma ótima ideia, mas para isso teria que ser listado todos os produtos do mercado. Uma outra boa ideia seria um aplicativo no estilo do IFOOD, mas para roupas, possibilitando as pessoas comprarem ou até alugarem roupas e podendo provar sem "compromisso", mas com uma certa taxa.

Hoje em dia, um dos ramos que mais vem crescendo e apresentando bons resultados financeiros para seus criadores é a criação de conteúdo online, não só pelo Youtube, que já teve seus tempos de "ouro", pois antes da mudança de sua política, a monetização por visualização na plataforma possibilitava maiores retornos. Hoje o Youtube ainda é uma boa alternativa, não para ganhar valores pela visualização em si, mas sim utilizá-la para divulgar (através de anúncios) produtos ou serviços próprios ou de terceiros e com isso ganhar uma certa "comissão".

Além do Youtube destinado em maior parte para criação de conteúdo audiovisual, a criação de conteúdo exclusivamente de áudio como por exemplo no formato podcast tem aumentado bastante o número de adeptos, seja no formato de notícias, debates ou sua área de especialidade. Antes mesmo de estar em evidência os podcasts, já achava bem interessante os livros que existem no formato de áudio, possibilitando uma maior acessibilidade e facilidade para quem precisa realizar outras atividades enquanto escuta, ou para quem é deficiente visual.

O termo “digital influencer” é utilizado para denominar pessoas que tem certo poder de influência normalmente em razão da elevada quantidade de seguidores nas redes sociais e assim as utilizam para venda ou divulgação de produtos/serviços e outros tipos de parcerias obtendo retornos financeiros com isso. Essa utilização das redes sociais tem crescido pelo alcance que atinge, e pode ser utilizada tanto para vendas como para divulgação de trabalhos, marcas e etc, e os retornos podem ser bons a depender da quantidade de pessoas alcançadas pela divulgação. Para quem pretende ser digital influencer, a interação com os seguidores deve ser constante, além da realização de sorteios, parcerias com outros perfis, publicações e caixas de perguntas.

A criação de conteúdo online através da venda de cursos em áreas específicas de conhecimento, é o que também vejo como inovador e que possibilita grandes retornos. Independente da sua área de formação ou conhecimento que possui, isso pode ser transformado em um curso, no qual as pessoas interessadas acessam uma plataforma online para assistir as aulas, aprendendo sobre o assunto ensinado. Para isso deve ser feito em torno desse curso um marketing onde você explica os benefícios em fazê-lo, uma breve introdução do conteúdo, disponibilizar algumas aulas gratuitas e ainda, fazer um desconto para as primeiras 50 (cinquenta) pessoas que comprarem o curso, por exemplo. Além disso, poderá conseguir pessoas para divulgarem esse curso e por venda ganharem uma comissão.

Uma plataforma que tem realizado esses serviços de mediação entre quem busca disponibilizar seu produto digital (infoproduto) e quem realiza as vendas, além de ser uma plataforma para os consumidores, é o Hotmart. Quem realiza as vendas, primeiramente se filia a um produto ou nicho (dos produtores) e a partir daí utiliza ferramentas para divulgação em diversas redes, seja orgânica ou paga, e a cada venda ganha uma comissão. O app retira uma pequena porcentagem somente quando ocorre essa venda, mas não cobra mensalidades nem taxa de adesão. Tem surgido outras plataformas nessa mesma linha, mas essa é a mais conhecida e utilizada no momento. Acredito ser um bom método para quem produz o conteúdo em busca de consumidores e quem realiza as vendas, ambos saem ganhando.

Enfim, basta se perguntar: O que eu posso ensinar? Para qual finalidade pode servir? Qual o foco do conteúdo? Quais pessoas quero atingir? Essa criação de conteúdo além de poder servir para Vestibulares e Concursos, podem servir para pessoas que querem criar ou melhorar seu empreendimento ou carreira profissional.

Outra modalidade de inovações que tem ocorrido ultimamente é a criação de startups, onde pessoas de diferentes áreas se juntam como uma espécie de empresa, para o desenvolvimento de uma ideia, muitas vezes tecnológica, mas que posteriormente possa ser comerciável.

Outro exemplo são as consultorias, que de forma geral podem ser implementadas em diferentes áreas, seja uma consultoria para empresas, atuando em pesquisas comportamentais, para implementação de alguma atividade, ou análise de contratos e questões de eficiência e planejamento para melhor operação desta. Além disso, essas consultorias ou profissionais podem ser chamados a prestarem serviços para órgãos públicos, como por exemplo o Ministério Público e Tribunal de Justiça, para o desenrolar de algum procedimento. Desse modo, é importante que esse tipo de empreendimento esteja devidamente regularizado e registrado na Junta Comercial do Município ou mesmo seu nome (pessoa física) cadastrado em lista de profissionais à disposição de possíveis serviços a esses órgãos como os Tribunais de Justiça, Tribunais Regionais do Trabalho, Tribunais Regionais Federais, etc. Como exemplo de trabalhos prestados à esses órgãos são as perícias médicas, grafotécnica, segurança do trabalho, ambiental, avaliação de bens, etc, em que os profissionais das respectivas áreas são convocados, por meio da lista dos cadastrados.

Outra tecnologia atual que não poderia deixar de falar e quem tem mudado a forma de desenvolver diversos tipos de atividades, são as inteligências artificiais. Existem as IA gratuitas e pagas e para diversos tipos de funções, como criação de textos, imagens, áudio, vídeo, etc. Basta saber utilizar esta tecnologia a seu favor seja facilitando a organização de tarefas, criando projetos, etc. Um site que contém todas elas é o GPTE.AI, portanto, confira e veja o que poderá ser utilizado para seu aprimoramento pessoal e profissional.

Para maior didática separarei em algumas áreas do conhecimento, exemplos do que se pode fazer para inovar e alavancar sua carreira profissional, mas nada impede que se utilize em outras profissões e vice e versa, por isso não citei a área das exatas por entender que se encaixa no contexto das outras.

3.1. Área das humanas

Nas áreas das humanas, o conhecimento em si pode se tornar comerciável através da venda de cursos, mentorias, consultorias, entre outras ideias já citadas. Para a venda de cursos ou simplesmente disponibilização “gratuita” de aulas ou informações deve-se planejar uma linha de raciocínio e desenvolvimento desse conhecimento como se você fosse um professor planejando as aulas do semestre e posteriormente disponibilizá-las em plataformas como a do Youtube, Instagram, Tiktok para ganhar visibilidade ou se utilizar de alguma plataforma de acesso à curso online. No caso do Youtube quanto mais conteúdo criado maior a visibilidade do canal e chances de se tornar uma fonte de renda, desse modo, é importante estabelecer uma meta de criação de conteúdo, como por exemplo um vídeo por semana. No caso do curso online, deve-se ter uma relevância para aqueles que adquirirem o conteúdo, pois caso não tenha utilidade prática, dificilmente conseguirá obter boas vendas. É imprescindível também as estratégias de marketing e uma introdução/resumo do conteúdo ofertado, pois ninguém compra um curso sem saber qual a sua abordagem, para que servirá (utilidade prática), os objetivos e vantagens.

Para quem é da área das humanas talvez possua maior facilidade em inovar, seja pelo constante exercício de reflexões em sala de aula ou mesmo pela leitura de diversos livros indicados ou não pelos professores. Apesar de alguns cursos da área das humanas não terem grande leque de atuação profissional em cidades menores, o estudo de observação e análise do local onde pretende atuar e as mudanças que a cidade/região está prestes a passar é necessário para compreender de que forma você poderá ajudar a população e obter seus retornos financeiros.

Creio que a maioria das empresas precisam de diversos profissionais da área das humanas, mas para que se convençam disso deve-se apresentar pessoalmente/profissionalmente, explicar a importância de seu trabalho e os resultados que poderão alcançar. De início as vezes é necessário fazer um trabalho gratuito para alguma empresa e utilizar como portfólio de apresentação a outros possíveis clientes. Um exemplo de consultoria é mostrar às empresas o que pode ser feito para melhorar e atingir mais consumidores. Apresentando possibilidade de bons resultados essas empresas poderão te contratar para continuar realizando esses estudos e melhorar cada vez mais a comunicação/imagem/vendas/relação da empresa.

3.2. Área da saúde

Na área da saúde, muitos profissionais tem divulgado seu trabalho por meio das redes sociais e isso tem resultado em maior visibilidade e aumento de clientela, mas além disso, para quem possui uma certa experiência, a criação de curso de preparação para novos profissionais, demonstrando o que fazer para passar pelas dificuldades no início da profissão, etc. é uma ótima dica. Essa dica pode ser utilizada em um grande leque de profissões. Um exemplo é do Juiz de Direito José de Andrade que tem criado bastante conteúdo através de cursos para estudantes e novos advogados, como por exemplo, o chamado "expert em audiências" que ensina como se portar e o que fazer nos mais diferentes acontecimentos de uma audiência; outro curso chamado "advogando na crise" que mostra os reflexos da pandemia do covid-19 na advocacia, os casos que surgirão e o que poderá ser feito para melhor defesa do cliente. Com o sucesso desses cursos o referido Juiz pediu exoneração para se dedicar mais no ensino e na advocacia privada.

Isso pode ser levado para a área da saúde, ensinando a médicos, dentistas, nutricionistas, fisioterapeutas..., como iniciar sua carreira de forma a atingir melhores resultados, tanto na questão de marketing pessoal, quanto na questão de conseguir mais clientes, de como gerir um escritório, e assim se destacar em meio a tantos outros profissionais, ou seja, conteúdos que não são ensinados na faculdade

Esses profissionais também podem ensinar sobre qual especialidade está mais em ascensão no mercado, com um futuro mais promissor; quais mudanças os novos profissionais precisam se adequar por causa de alteração na legislação brasileira ou do respectivo Conselho de categoria, e também pelas mudanças sociais.

Vejo que em cidades maiores é importante se especializar em uma área de atuação para que seu nome seja vinculado a esta área e quando algum cidadão precisar, de pronto fazer essa correlação.

Como exemplo, posso citar no ramo da advocacia: quando alguém precisa de advogado trabalhista e de imediato lembra (ou alguém indica) de um especialista que ficou conhecido na cidade por atuar nessas causas. Imagino que o mesmo deve ocorrer com especialistas da área da saúde, principalmente em cidades maiores, por isso a importância de adequar suas ideias profissionais no âmbito do lugar onde atua ou pretende atuar.

3.3. Empreendimentos

Na questão empreendimentos, podem surgir inúmeras ideias inovadores a depender do conhecimento que possui ou somente a própria vontade de empreender. Uma reflexão importante foi quando perguntaram ao Bill Gates o que ele faria se perdesse todo o patrimônio que possui, ele respondeu que sentaria em uma praça e observaria as pessoas e dependendo das necessidades ou facilitações que perceber empreenderia de alguma forma. Esse é o ponto principal, observar através do comportamento as necessidades das pessoas em sua cidade/região e implementar algum empreendimento que resolva ou facilite a vida dessas em seu cotidiano. Para melhores resultados pode-se utilizar uma versão de testes (MVP) afim de obter opiniões de clientes e aprimorar o empreendimento.

Para quem pretende empreender, uma dica importante é saber de todo o processo que ocorre na empresa, desde a reposição de estoque, limpeza, até o fluxo de caixa, por exemplo. O empresário tem que saber liderar e para isso não basta somente confiar nas pessoas e designar tarefas, mas entender na prática como elas funcionam. Não é recomendado o empreendedor ficar somente no escritório e esperar que tudo ocorra bem, é importante fiscalizar, saber o que está acontecendo e se mostrar presente para seus funcionários.

Aproveito para citar alguns aplicativos que podem facilitar a vida do empreendedor:

> **Qipu**- voltado ao micro empreendedor individual (MEI), permite gerenciar o negócio e receber alertas sobre contribuições fiscais, arrecadação ou os benefícios que tem direito.
>
> **Agendor**- ajuda na organização das vendas, centralizando o cadastro de clientes, controlando as entradas e saídas de produtos e

analisando o desempenho da equipe comercial da empresa.

Asana- ajuda times a organizarem seus projetos, do começo ao fim. No app, é possível adicionar, editar e comentar tarefas, abrindo conversas com a equipe. O aplicativo é grátis para grupo com até 15 membros. Existe uma versão premium para empresas maiores, com outros recursos.

Bill Reminder- ajuda no gerenciamento das contas, próximas, atrasadas, quitadas ou não-quitadas.

Mint- controla 4 categorias de custo para as pequenas empresas: despesas que só ocorrem uma vez, como o investimento inicial; despesas fixas, como o aluguel; despesas variáveis, como comissões para funcionários; e despesas opcionais, como ter café para os clientes.

Outro ponto importante é notar as novas tendências para aprimorar o empreendimento. Podemos citar como tendencia o aumento exorbitante no número de pessoas que buscam uma alimentação mais saudável e um corpo mais atlético, com isso surge possibilidades empreendedoras como a venda dos alimentos chamados "fit" que além de ser uma facilidade para quem busca seguir uma dieta pois já está pronto para o consumo, suprirá a necessidade de manter uma alimentação saudável. Na prática, muitos empreendimentos desse seguimento têm dado ótimos resultados.

Outra ótima ideia de empreendimento que já vi no Instagram, é a venda de legumes já descascados e cortados/ralados e empacotados, prontos para o uso e que facilita muito na hora de preparar algum alimento, ainda mais para quem quer ganhar tempo ao invés de cortar/ralar legumes e além disso economizar cozinhando em casa e manter uma alimentação saudável.

Vejo também como tendência, a venda de alimentos já separados em porções e pré-prontos para o consumo. É uma facilidade que pode gerar bons resultados como empreendimento. Como exemplo também podemos citar a venda de feijão já cozido e congelado (temperado ou não), tendo que somente descongelar e esquentar para consumir, ou outros alimentos congelados como arroz, lasanha, pão de queijo, quibe, etc.

O ramo alimentício dificilmente enfrenta crise, até mesmo na pandemia da covid-19 em razão da quarentena os mercados, lanchonetes, e restaurantes que não funcionavam em "delivery" passaram a fazer entregas e assim continuaram a obter lucros com o empreendimento, alguns até aumentaram os retornos financeiros. O cuidado que se deve tomar nesse ramo é o preço do produto ofertado e qual público será seu consumidor, pois de nada adianta vender um produto para um público que não existe ou que é bem pequeno em sua cidade/região. Assim, numa cidade majoritariamente universitária o que faz sucesso são as promoções, como exemplo, posso citar Dourados-MS que na época em que fiz faculdade algumas pizzarias faziam promoção de 3 pizzas por 50 reais e apesar de o lucro por pizza ser menor do que vender cada uma por em média 30 reais (na época 2018-2019), no final terá mais lucro pela quantidade de pizzas vendidas.

Outro alimento que se apresentou como forte tendência, é o hamburguer artesanal, e tem surgido cada vez mais novas hamburguerias. A melhor forma de chamar atenção nos casos desses alimentos é a divulgação com uma ótima qualidade de imagem que "transmite o sabor" para seus telespectadores, despertando a vontade em experimentar.

Outro ponto importante para a divulgação na área alimentícia é através dos digitais influencers, com a realização de parcerias, especialmente quando esses influenciadores postam um vídeo experimentando o alimento, isso com certeza é uma ótima estratégia de marketing e rapidamente irá despertar a fome e curiosidade de alguns seguidores que poderão se tornar seus clientes.

A venda de muitos desses produtos alimentícios tem sido feito 100% por delivery e as pessoas tem produzido cada vez mais em casa, atendendo é claro os padrões de higiene e oferecendo produtos de ótima qualidade. Uma das maiores vantagens de produzir em casa para delivery, é o dinheiro que economizará com aluguel se fosse abrir em um ponto específico.

Além disso, é importante notar as tradições regionais e a partir daí enxergar uma oportunidade que pode ser implementada em outra região que não possui muitos adeptos ou que ainda não existe esse empreendimento. Como exemplo podemos citar o típico açaí da região norte que foi sendo levado à outras regiões e hoje existe empreendimentos desse ramo espalhados pelo Brasil. Ou mesmo o tereré sul mato grossense e seus produtos, como ervas mate, bomba, cuia, garrafas térmicas personalizadas, tem tido grande quantidade de adeptos em várias outras regiões. O ramo de tabacarias também tem crescido exponencialmente em regiões que antes existiam poucos adeptos, com a venda de grande variedade de tabacos, essências para narguilés, palheiros, charutos, etc.

Outra maneira de inovar/empreender é observar locais que tem aumentado a movimentação de pessoas para posteriormente abrir um ponto "físico" que talvez supra a necessidade ou mesmo facilite a vida das pessoas que por ali transitam. Como exemplo, a venda de doces (sobremesas) próximo a restaurantes, a venda de alimentos "fit" próximo a academias, a venda de alimentos baratos e café próximo a universidades, a venda de fastfood/café próximo a órgãos públicos, etc.

Outro ramo que tem muito para crescer é a reutilização de materiais para a confecção de artesanatos ou móveis para casa, que além de contribuir para a sustentabilidade, diminuirá as pilhas de lixos nas cidades, evitando ainda a poluição. Mas de início para que surjam consumidores desses produtos, o preço deve ser bem mais acessível do que a compra de móveis e artesanatos comuns. Como exemplo dessas reutilizações podemos citar os sofás e outros móveis de pallets, garrafas pet e vidro ou pneus bem como artesanato utilizando esses e outros materiais. Em uma pesquisa rápida no Google como: "utilidades para paletes", "objetos feitos de materiais reciclados" ou "reutilizar garrafas de vidro" encontramos inúmeras ideias que podem ser feitas facilmente em casa.

Por fim, mesmo que não tenha formação, nada impede que você seja um empreendedor em alguma área profissional com pessoas qualificadas para isso, como por exemplo, uma rede de consultórios na área da saúde, que atenda a população a um preço mais acessível. Nesse caso é importante ter um sócio profissional desse ramo e contratar outros profissionais para trabalhar neste empreendimento e com isso ir expandindo e formando uma "marca", sem esquecer de um dos pontos principais que é o marketing e o ótimo atendimento ao cliente que faz com que retorne e indique a outras pessoas.

3.4. Bolsa de valores

Na área de investimentos, muitas propagandas aparecem nas redes sociais com o intuito de vender cursos, na maioria das vezes propagandas enganosas que prometem ensinar a "fórmula mágica" para obter altos retornos em pouco tempo. Cursos que supostamente ensinam operar na bolsa de valores, cujos "professores" aparecem dentro de carros luxuosos ou de locais caríssimos prometendo que você também terá esse estilo de vida caso adquira o curso.

É aquele velho ditado, "quando a esmola é boa demais o santo desconfia". Não há maneiras honestas de ganhar muito dinheiro em pouco tempo na bolsa de valores sem possuir grande quantia ou correr riscos elevados da perca ou desvalorização brusca desse investimento, visto que o mercado financeiro é imprevisível.

As operações mais arriscadas são as que podem dar maiores retornos em menos tempo, porém, para isso deve-se ter dedicação e muito estudo.

Existe a análise técnica que é baseada em gráficos e a análise fundamentalista que é mais ampla e busca analisar os prós e contras da empresa (macroeconomia), mas é difícil prever o dia de amanhã e como o mercado irá se desenvolver. Assim, nem sempre quando surgem boas notícias em relação à uma empresa as ações delas sobem, por isso se deve fazer uma análise mais minuciosa e técnica, que demanda conhecimento, e não se guiar somente por notícias, pois pode ser uma armadilha.

Dentro da bolsa de valores existe inúmeros tipos de investimentos a depender do seu perfil de investidor: conservador- busca maior segurança e menor risco; moderado- tenta diversificar com um pouco mais de risco, mas ainda prezando por uma segurança elevada; e agressivo, onde se opera com maior risco, mas com a chance de obter maiores retornos. O risco se resume em perder o investimento ou desvalorizá-lo.

A poupança tem ganhado cada vez menos adeptos, com a divulgação desses inúmeros tipos de investimentos seguros e mais rentáveis. Além do mais, a poupança atualmente não é considerada investimento pelo baixíssimo retorno que possui e as vezes trás até prejuízos a depender da economia do país.

Existe a renda fixa como os Fundos de Investimento, Tesouro Direto, CDBs, LCIs, LCAs, etc., em que você investe certa quantia em dinheiro e tem uma previsibilidade do retorno, sendo investimentos mais seguros.

A renda variável é onde se enquadram as ações, as opções, os mini-índices etc., que estão em constante variação e sem previsibilidade, porém com chances de obter maiores retornos, mas para isso como dito, deve-se investir em horas de estudo para não operar como "cego em tiroteio".

Não é necessário escolher um ou outro tipo de renda, inclusive é mais indicado variar a carteira de investimentos em rendas fixas e variáveis, assim ocorre a compensação dos riscos. Além disso, mesmo nas ações, há uma certa segurança a depender do ativo que escolher, como por exemplo as ações de grandes bancos e empresas consolidadas que são difícil ou quase impossível ocorrer falência, como o Banco do Brasil, Banco Bradesco, Petrobrás, JBS, Vale, e podem render dividendos, que são os lucros que a empresa reparte com seus investidores, só pelo fato de você possuir a ação.

Para quem tem vontade em operar nas rendas variáveis de forma segura, a análise técnica é essencial e para isso recomendo dois livros referência nesse ramo: “fundamentos de análise técnica de ações” e “estratégias operacionais de análise técnica de ações” ambos do AT Palex, que além disso em seu canal do Youtube e Instagram, ensina a análise técnica na prática e mostra diariamente o fechamento e abertura da bolsa de valores.

Quanto mais conhecimento sobre como operar na bolsa de valores maior segurança obterá, mesmo na renda variável, pois assim determinará até onde ganhar (stop gain) e até onde perder (stop loss) e o gráfico muitas vezes mostra a tendência do mercado juntamente com o volume de compra/venda dessas ações, sendo que as informações sobre a empresa é um ponto importante a se analisar também. Isso tudo é explicado no livro indicado e em diversos materiais disponíveis na internet, basta investir em estudo antes de arriscar seu patrimônio.

No brasil ainda temos pouca tradição quanto a investimentos na bolsa de valores, atualmente menos de 10% da população brasileira contra cerca de 58% da população dos Estados Unidos que investem. Talvez seja falta de incentivo da família, escolas e universidades e até mesmo o pré-conceito em achar que é loucura, porque "tem muito risco", desconhecendo as diversas formas de investimentos que existem.

É importante saber como investir, pois, de nada adianta ganhar rios de dinheiro e acumular somente passivos (despesas) como por exemplo, IPTUs, IPVAs, Seguros e Manutenção. Assim, a depender do padrão de vida que quer possuir, e se não for compatível com a renda, o dinheiro rapidamente "some" servindo apenas para o pagamento das despesas sem que invista em ativos, como exemplo, Ações, Títulos, Fundos de Investimento, Imóveis, entre outros. Desse modo, independente de qual atividade pretende exercer, deve-se ter em mente alguns planos futuros com investimentos maiores a longo prazo e mais seguros, e investimentos menores a curto e médio prazo com um pouco mais de risco, mas também com chances de obter maiores retornos. O importante é variar a chamada "carteira" com diversos tipos de investimentos, desde o menos arriscado ao mais arriscado, pois assim fazem os grandes milionários.

Nesse ramo, além de investir para o próprio benefício, há trabalhos como consultor de investimentos, assessor, etc, dentro das corretoras, que são as empresas que fazem a mediação dos investimentos e que no Brasil tem surgido muitas nos últimos anos. Os próprios bancos como o Banco do Brasil, são corretoras, mas por ter uma taxa de corretagem (valor pela compra e venda de ativos) maior, muitos optam por investir em outras mais específicas de investimentos e que são mais fáceis operar pelo aplicativo pois possuem diversas ferramentas, levando em consideração o gráfico disponibilizado. Uma corretora que tem apresentado ótimas análises e recomendações técnicas e que possui um aplicativo bom para manusear pelo smartphone é a Necton Investimentos que faz parte do grupo BTG Pactual. Além disso, existem outras como a XP, Rico, Clear, etc.

3.5. Artístico

Nessa área, principalmente no tocante às músicas e podcasts tem crescido muito o número de consumidores, estimulados pelos streamings como o Spotify que é o maior serviço desse seguimento no mundo, e que possibilita retornos financeiros aos artistas, por cada ouvinte. Apesar disso, essa área possui algumas variáveis a serem observadas e é um ramo "incerto" no início de carreira a depender do investimento, talento, produção e divulgação do trabalho realizado.

A qualidade do áudio e vídeo em torno de uma música/videoclipe é um dos pontos principais observados pelos ouvintes, cada vez mais exigentes. Além disso, as músicas que mais fazem sucesso (as ditas comerciais) normalmente possuem um "refrão chiclete" que para fixar ainda mais na mente dos ouvintes é cantado nas mesmas notas da melodia ou quando retrata situações do dia a dia.

Já nos estilos musicais alternativos a mensagem que a música transmite unido com o talento do artista e produção audiovisual é mais considerada pelos ouvintes. Portanto, independente do estilo musical quanto melhor a produção audiovisual bem como de marketing em torno do lançamento de uma música, maiores chances de sucesso terão.

O marketing envolve não só o lançamento da música, mas também todo processo anterior ao lançamento, como o post/history de fotos/vídeos do momento da gravação; o chamado "teaser"; a divulgação de data e horário de lançamento "pré-save", etc. Isso tudo criará uma expectativa/curiosidade nas pessoas e resultará em mais ouvintes quando ocorrer o lançamento da obra.

Muitos talentos são desperdiçados por falta de incentivo/oportunidades ou mesmo pela descrença em relação aos retornos financeiros que este trabalho poderá ofertar. Para uma música chegar a grandes produtores/artistas e serem por eles divulgada é difícil, não só pela quantidade enorme de artistas que tem essa mesma vontade, mas também pelo tempo e custo que demanda para uma boa produção. Empresários e produtores desse ramo deixam de ganhar ao não dar oportunidades para possíveis talentos ao mesmo tempo que estes são desperdiçados.

Há também muitos produtores e músicos talentosos que não são conhecidos, porém possuem resistência em firmar parcerias ou se vincular a um grupo/banda onde ambos podem obter sucesso profissional. Os produtores mais conhecidos produziram artistas que ficaram famosos ou fazem parte de um grupo e como um conjunto desenvolveram o trabalho (cada qual em sua função), tendo em vista que há músicas que podem cair no gosto dos ouvintes outras não.

O artesanato também tem um grande potencial de crescimento, nessa sociedade cada vez mais industrial. Roupas, móveis, acessórios exclusivos tem sido cada vez mais aderidos principalmente por pessoas de grande poder aquisitivo. Muitos dos produtos mais caros (de grife) normalmente são feitos a mão, como por exemplo, bancos de carros luxuosos, sapatos de couro, ternos, roupas em geral. Esses produtos tem um preço alto pelo valor agregado que possui, e realmente a qualidade é bem maior do que produtos feitos em larga escala (industrializados). O custo de produção de produtos artesanais é baixo, o que conta é o tempo dedicado para a confecção e o talento que o artesão possui. Na internet existem diversos conteúdos ensinando sobre a confecção de produtos, principalmente de materiais reciclados (que vejo como tendência), como madeiras, plásticos, vidro, etc. O importante é criar uma marca, divulgar através das redes sociais, abrir uma loja virtual e/ou física e assim ir agregando valor aos seus produtos.

A criação de conteúdo por meio de áudio ou vídeo, sejam eles de caráter informativo, humorístico ou de entretenimento também tem aumentado bastante o número de consumidores nas plataformas como Youtube, Spotify, Instagram, Tik Tok, etc.

Como dito, os podcasts são inovações presentes nas mais variadas plataformas de áudio e vídeo, tanto conteúdo informativos, quanto de debates e assuntos variados.

Em razão do aumento no consumo de entretenimento os vídeos de caráter humorístico são os que mais estão em destaque, pessoas criam personagens e divulgam conteúdos diversos e um desses viraliza trazendo mais seguidores e visibilidade nos outros vídeos do canal.

Nesse âmbito humorístico, cito como exemplo uma tia de Cuiabá-MT que possui uma personagem chamada "Maristela Furtado" e normalmente é contratada para participação em eventos, como casamentos, aniversários, chás de bebê, chás de panela e até mesmo para trabalhadores de uma empresa. Ela transforma as mais variadas situações (a depender em qual ambiente realizará seu trabalho), em descontração, com um toque de conscientização e motivação.

Qualquer que seja sua arte, o importante é divulga-la por meio das redes sociais, criando um perfil profissional e se utilizando das ferramentas de impulsionamento que existem no Facebook e Instagram (meta ADS). A melhor maneira de impulsionar uma publicação é escolher o público alvo, assim, delimitando idade e gostos que podem ser facilmente encontrados através de uma pesquisa no Google. Por exemplo, se tem a intenção de atingir mulheres grávidas, pode-se pesquisar o intervalo de idade que possui maior quantidade de mulheres grávidas na região que pretende atingir e desse modo incluir em seu impulsionamento, que será mais eficiente.

Nesse sentido, é melhor impulsionar um conteúdo para 1.000 pessoas que possam ter interesse no assunto/produto/estilo do seu negócio, do que impulsionar para 10.000 pessoas que não tenham interesse no assunto, ou seja, sem filtrar o público alvo. Além disso, para atingir maior quantidade de pessoas é importante que se faça o impulsionamento de forma gradual, como por exemplo impulsionar de 2 em 2 reais (até chegar em 50), pois se colocar de uma vez 50 reais, o Facebook acaba por atingir menos pessoas.

3.6. Equipamentos/utilidades

No quesito equipamentos, rotineiramente surgem novas facilidades, principalmente no ambiente da cozinha. Essas invenções/melhoramentos são fáceis de serem encontradas nos sites das principais empresas do ramo. Recordo quando assistia Televisão todos os dias e via propagandas de produtos que pareciam ser muito úteis e que facilitava a vida das pessoas, no canal da Polishop. Tanto equipamentos de academias que foram adaptados para o uso em casa, quanto facilidades para serem utilizadas na cozinha, como por exemplo as frigideiras antiaderente, liquidificadores que transformam a fruta com casca em suco já coado, o recente "airfrye", entre outros.

Essas são algumas inovações que tem surgido nesses últimos anos e que podem servir como exemplo para novas ideias, analisando as que tem tido bastante adeptos.

A criação da Impressora 3D além de ser uma invenção extremamente útil para diversas situações, tanto em pequenos quanto em grandes empreendimentos, facilitou aqueles que buscam inovar, podendo ser utilizada para a confecção de peças a um equipamento/produto maior ou mesmo um equipamento/produto já acabado.

Além disso, a impressora 3D pode ser utilizada em vários ramos como em itens médicos e hospitalares, criação de produtos domésticos, moda, arquitetura, engenharia, alimentação e educação. Vejo como algo que tem muito a crescer no país e o no mundo, não só para o uso de grandes empresas, mas também para pequenos negócios.

3.7. Produção Agrícola

Apesar do pouco conhecimento na área agrícola vejo que há atividades pouquíssimo consideradas quando se fala em produção agrícola, por isso é importante o estudo de viabilidade que considera as características de cada propriedade rural.

Atualmente quando se fala em investimento na produção agrícola, as culturas mais consideradas são o gado de corte, a soja e outros grãos, sem analisar as demais que em alguns casos podem resultar em menos custo e maior retorno financeiro.

Nessas culturas mais comuns, mesmo considerando bons rendimentos, deve-se analisar o mercado consumidor, sua volatilidade, despesas com produção, logística, riscos, lucro, etc. Com essa análise mais minuciosa podem surgir outras opções de culturas que possuem menor dificuldade com logística e outros custos e maior valor agregado no produto, possibilitando um melhor retorno financeiro.

Na maioria das vezes se preza pela quantidade (larga escala e pouco valor agregado) em vez da qualidade (maior valor agregado), como exemplo podemos citar alguns produtos como a carne nobre do boi wagyu, em que o quilo pode chegar a 500 reais e no brasil se tem uma produção de 100 bois anuais dessa raça, mas em contrapartida a forma de tratamento é de altíssima qualidade, alimentação e cuidado. Assim, desde que seja feito um estudo de viabilidade há possibilidades de ter um lucro bem maior com 10 bois dessa raça do que ter 150 bois de uma raça convencional, por exemplo.

Produtos de qualidade que possuem valor agregado, ao invés da venda de matéria prima, podem ser uma boa opção, como exemplo podemos citar queijos, vinhos, azeites, chocolates, sucos 100% naturais, água de coco, carnes nobres, produtos naturais de beleza, entre tantos outros, podem dar ótimos retornos ao invés de vender o produto bruto, porém é necessário a realização de estudos e exigências de regularizações.

Outra questão a ser observada é o desmatamento de árvores nativas para implementação de culturas agrícolas, sendo que em alguns casos o cultivo dos frutos provenientes dessas árvores pode resultar em maiores lucros (agro florestas), como exemplo o crescente consumo da Castanha do Pará e do Açaí (árvores nativas da região amazônica), por várias regiões do país. A Castanha do Pará é vendida a um preço altíssimo em outras regiões, ainda mais se já descascadas e embaladas. O Açaí tem movimentado um mercado por várias regiões, onde se observa a abertura de empreendimentos que vendem a famosa tigela de açaí, ou o sorvete, e também tem um preço alto comparado com o valor pago na região que produz (norte). O cacau também é uma árvore nativa da Amazônia e seu produto final dispensa comentários sendo um dos mais consumidos.

Não questiono quem opta por um certo tipo de cultura agrícola, mas tento mostrar outras inúmeras possibilidades que se estudadas podem gerar melhores resultados financeiros.

CONCLUSÃO

As pessoas são basicamente movidas pela vontade de ganhar e o medo de perder, prefiro acreditar e pensar em "bons frutos" do que ter medo de eles serem "envenenados". A persistência leva ao aprimoramento, somos do tamanho de nossos sonhos e nos movemos por eles. É melhor ter uma utopia e através dela alcançar grandes patamares, pelo menos se movendo, do que não sair do lugar.

Diante desse enorme leque de possibilidades, com alguns exemplos que expus para melhor compreensão, resta dizer que ideias inovadoras podem florescer em várias profissões. Desse modo, temos que caminhar em busca de nossos objetivos, estudando para ampliação do conhecimento e refletindo para enxergar as possibilidades de aplicação, sem esquecer que a troca de experiências é importantíssima, por isso estar aberto a troca de ideias e conhecer pessoas é fundamental.

Não podemos deixar que as oportunidades passem sem ao menos tentar, precisamos de disposição e coragem para assim alcançarmos nossos objetivos. Não basta só exercitar a mente, devemos também exercitar nosso corpo, pois acima de tudo precisamos de saúde para batalhar, corpo bom, mente boa, somos um complexo interligado.

Chegamos ao final desse livro e espero que tenha contribuído para uma visão mais ampla sobre a atuação no mercado de trabalho e que as ideias inovadoras possam florescer rotineiramente colocando-as em prática sem medo de arriscar, com confiança e sabedoria, pois somos capazes, mas temos que ter fé.

FIM.

www.ingramcontent.com/pod-product-compliance
Lightning Source LLC
LaVergne TN
LVHW052056160826
845678LV00015B/3250

* 9 7 8 6 5 0 0 9 8 0 5 5 4 *